생명을 살리는 성경공부 1

개혁주의생명신학 7대 실천운동

신앙운동

지은이 **장 종 현**

장종현 박사는 충남 아산시 영인면 성내리 안골에서 농부의 아들로 태어났습니다. 중학교 3학년 때 예수님을 영접한 이후 무릎 꿇고 받은 사명을 감당하기 위해 1976년 11월 1일 "진리가 너희를 자유케 하리라"(요 8:32)는 말씀을 붙잡고 백석학원(백석대학교, 백석문화대학교, 백석예술대학교, 백석대학교평생교육신학원)과 기독교연합신문사를 설립했습니다.

그는 백석학원이 세상에 존재하는 또 하나의 대학이 아니라 오직 하나님의 말씀에 의해서 사람을 변화시키고 영적 생명을 살리는 기독교대학을 세우기 위해 일평생 헌신하고 있습니다.

그는 개혁주의 5대 표어를 생명처럼 여기면서 신학이 학문으로 전락해서는 안 되고 그리스도의 생명이어야 한다는 것을 깊이 깨닫고 개혁주의생명신학을 주창했습니다. 개혁주의생명신학은 개혁주의신학을 실천하는 운동입니다.

본서는 개혁주의생명신학 7대 실천운동이 삶 속에서 생명을 살리는 신학으로 자리매김을 하도록 안내하는 성경공부 교재입니다.

오직 하나님께 영광!

백석연구소 총서 5-1

생명을 살리는 성경공부 1

개혁주의생명신학 7대 실천운동 : 신앙운동

발행일 2019년 10월 25일 초판 1쇄
지은이 장종현
발행처 백석정신아카데미
충청남도 천안시 동남구 문암로 76
전화: 041)550-2090 팩스: 041)550-0450
문제출제 홍진철(백석대학교 기독교학부)
펴낸곳 기독교연합신문사(도서출판 UCN)
등록번호: 제21-347호 등록일자: 1992년 6월 28일
주소: 서울특별시 서초구 남부순환로 2221 5층
전화: 02)585-0812 팩스: 02)585-6683
전자우편: ucndesign@naver.com
디자인·인쇄 기독교연합신문사 디자인실
ISBN 978-89-6006-908-4 93230

생명을 살리는 성경공부 1

개혁주의생명신학 7대 실천운동

신앙운동

장종현 지음

도서출판 UCN

1. 신앙운동

교회와 세상을 변화시키는 개혁주의생명신학 7대 실천운동 되어야

제가 2010년 5월 21일에 총회의 목회자와 신학자, 성도들이 함께한 자리에서 '개혁주의생명신학 선언'을 하게 된 것은 성경의 권위를 회복한 신학, 교회에 생명을 불어넣는 목회, 예수 그리스도의 인격을 닮은 성도들만이 한국교회를 회복할 수 있다는 확신 때문입니다. 한국교회는 평양 대부흥 운동으로 성령의 역사를 뜨겁게 체험하였지만, 선교 130여 년이 지난 지금 거룩한 신앙의 열정을 잃어버렸습니다. 교회가 하나님을 물질과 명예로 가두어 놓았고, 신학교가 하나님을 학문으로 가두어 놓았습니다. 오늘날 한국교회는 복음의 본질을 상실하였습니다.

그 결과 한국교회는 예수 그리스도의 생명이 나를 지배하는 믿음의 실상을 잃어버렸습니다. 개혁주의생명신학은 그리스도께서 내 안에 사시고 내가 그리스도 안에 사는 영적 삶을 통해 개혁주의 신학을 실천하는 운동입니다. 이는 새로운 신학을 만들려는 것이 아니요, 개혁주의신학에 생명을 불어넣음으로써 개혁주의신학을 활성화하려는 것입니다.

저는 개혁주의생명신학을 실천하기 위해 7대 실천운동을 제시했습니다. 이는 신앙운동과 신학회복운동, 회개용서운동, 영적생명운동, 하나님나라운동, 나눔운동, 기도성령운동입니다. 이번에 발간되는『생명을 살리는 성경공부』는 개혁주의생명신학 7대 실천운동을 쉽게 이해하고 그것을 삶에 적용할 수 있도록 작성된 성경공부 교재입니다. 금번 이 책을 발간한 목적은 개혁주의생명신학 7대 실천운동이 단지 구호로만 그치지 않고, 성도들의 생활 속에서 실천되도록 안내하는 데 있습니다. 실천이 왜 그토록 중요합니까? 한국교회가 예수님을 머리로만 알려고 하고 순종하지 못하기 때문입니다.

우리가 예수님의 생애에 대해서 안다고 해서 믿음이 있는 것은 절대로 아닙니다. 성경 66권을 다 외우고, 신학을 논리적으로, 체계적으로 가르친다고 해서 믿음이 있는 것도 아닙니다. 서기관과 바리새인들도 성경을 많이 알고 있었지만 예수님을 믿지 않았습니다. 믿음은 마음으로 믿고 순종하는 것입니다. 로마서 10장 10

절에 "사람이 마음으로 믿어 의에 이르고 입으로 시인하여 구원에 이르느니라"고 말씀합니다. 참된 믿음은 행함 즉 실천을 요구합니다. 야고보서 2장 17절은 "이와 같이 행함이 없는 믿음은 그 자체가 죽은 것이라"고 말씀합니다. 영적 생명이 회복된 사람만이 순종할 수 있고, 순종하는 사람만이 참된 믿음을 가진 사람입니다.

이미 출판된 『백석학원의 설립정신』(2014년)과 『개혁주의생명신학 선언문』(2017년), 『개혁주의생명신학 7대 실천운동』(2018년)과 함께 오늘 발간되는 『생명을 살리는 성경공부』(2019)는 신학은 학문이 아니라 영적 생명을 살리는 복음이며, 나아가 교회와 세상을 변화시키는 마중물이 되어야 한다는 개혁주의생명신학의 근본 취지를 드러내고 있습니다. 아무쪼록 우리 총회와 백석학원이 한국교회와 세계교회를 새롭게 변화시키는 데 중심 역할을 감당하며, 나아가 제2의 종교개혁의 거룩한 불씨를 던져 생명을 살리는 진원지 역할을 감당하는 일에 조금이나마 도움이 되기를 바라는 마음을 담아 본 교재를 세상에 내놓습니다.

2019년 11월 1일
(백석학원 설립 43주년에 즈음하여)

백석대학교 · 백석문화대학교 · 백석예술대학교
백석대학교평생교육신학원 · 기독교연합신문사

설립자 장종현 박사

1 성경이 답이다

핵심 성경구절

"모든 성경은 하나님의 감동으로 된 것으로, 교훈과 책망과 바르게 함과 의로 교육하기에 유익하니"(딤후 3:16).

오늘 우리가 살아가는 시대는 참으로 많은 문제들로 가득 차 있습니다. 물론 어느 시대나 문제는 있었습니다. 우리에게 중요한 것은 문제에 대한 해답이요, 해결책일 것입니다. 성경이 모든 종류의 문제에 대한 해답을 우리에게 제공하지는 않습니다. 그러나 성경은 구원에 관하여, 우리가 알아야 할 충분한 지식을 제공해 줍니다. 그리고 우리는 성경을 통하여 직접 언급하고 있지 않은 것들에 대해서도, 어떻게 생각해야 하는지 그 기본적인 원리나 지침을 제공받을 수 있습니다.

-『개혁주의생명신학 7대 실천운동』, 20.

week

01 성경이 답이다

1. 성경이 왜 답인가요? 어떤 점 때문에, 오늘 우리에게 성경이 답이 될 수 있는지요?

요 1:1 --

성경(요한복음)은 '태초의 하나님 말씀'을 들려줍니다. 태초의 말씀(로고스)이 만물을 창조하셨기 때문에(1:2), 그리고 그가 없이 된 것이 하나도 없기 때문에, 이러한 피조물 가운데 하나가 우리이기에, '창조주의 말씀'이 우리 삶의 답이 되는 것입니다.

요 1:14 --

성경(요한복음)은 '성육신한 말씀'을 보여 줍니다. 주님의 성육신은 '구원'하시기 위해서입니다. 그래서 성육신한 말씀은 '구원자' 이십니다. 게다가 우리는 이런 '구원이 필요한 존재'이기에, 구원자의 '말씀'이 우리 삶에 '구원의 답'이 되는 것입니다.

이처럼, 성경은 기록될 당시의 역사성도 있지만, 성령님의 깊은 영감을 통해서 독자들에게 전해진 '하나님의 말씀'이기도 합니다. 그래서 창조주, 구원자, 심판자이신 하나님은 성경을 통해서 오늘 우리에게도 '구원과 삶에 대한 충분한 답'을 주십니다.

성경 말씀의 특성

2. 성경은 어떤 특성을 지니고 있나요?

사 40:8 ______________________________

____

하나님의 말씀은 일시적이지 않고 '영원히 존재하는 특성'을 지녔습니다.

벧전 1:23 ______________________________

____

하나님의 말씀은 썩지 아니하는 씨와 같은 '항상 있는 특성'을 지녔습니다

3. 성경의 또 다른 특성은 무엇인가요?

히 4:12 ____________________

____

하나님의 말씀은 살아 있습니다. 생명력을 지녔습니다.

신 8:3 ____________________

____

____

여호와의 입에서 나오는 모든 말씀은 만나와 같이, 사람을 살리는 생명력을 지녔습니다.

이처럼, '하나님의 말씀'인 성경은 쉽게 소멸되지 않는 '영원성'을 지닙니다. 왜냐하면 성경이 '영원한 하나님'의 말씀이기 때문입니

다. 게다가 성경은 썩지 아니하는 씨와 같이, 항상 존재하는 특성 외에도, 살아 있는 '생명력'의 특성도 지닙니다.

구원의 길로 인도하는 말씀의 능력

4. 이런 하나님의 말씀은 우리의 '구원'과 어떤 관계가 있나요?

딤후 3:15 ______________________________

____

____

성경은 예수 그리스도 안에 있는 믿음으로 말미암아, 구원에 이르는 지혜가 있게 합니다.

행 13:26 ______________________________

____

____

성경은 하나님을 경외하는 사람들에게 구원의 말씀으로 주어집니다. 생명체는 살아 있기에 '변화'합니다. 성경도 '영원한 생명력'을 지녔기에, 성경을 깊이 만나는 자를 변화시킵니다. 특히, '영적인 변화'를 낳습니다. 그래서 하나님의 말씀인 성경을 만난 사람은 '구원의 길'로 가는 변화의 삶을 살게 됩니다.

5. 하나님의 말씀은 우리의 인생길에서 어떤 역할을 하나요?

시 119:105 --

성경은 우리를 하나님께로 인도하는 인생길에서, 발에 '등'과 길에 '빛'이 되어 우리가 올바른 길로 갈 수 있도록 도와줍니다.

말씀의 능력을 경험한 사람 되기

6. 말씀의 능력을 경험한 사람들 가운데, '긍정적인 반응'을 보인 사람들은 이후 어떻게 되나요?

요 5:24 ....

....

....

예수님의 말씀을 듣고 하나님을 믿는 사람은 영생을 얻고, 사망에서 생명으로 옮기게 됩니다.

벧전 1:22 ....

....

....

말씀에 순종하는 자는 영혼이 깨끗하게 되어서 형제를 사랑하게 됩니다. 하나님 말씀을 만난 사람은 두 가지 반응을 보입니다. 하나는 긍정적인 반응이고, 다른 하나는 부정적인 반응입니다. 즉 영생을 얻거나 사망에 이릅니다.

7. **말씀의 능력을 경험한 사람들 가운데 '부정적인 반응'을 한 사람들은 이후 어떻게 되나요?**

요 12:48 --

예수님의 말씀을 받지 아니하는 자는 마지막 날에 심판을 받게 됩니다.

딛 1:16 --

하나님을 시인하나 행위로 부인하는 자는 가증한 자, 복종하지 않는 자로서 모든 선한 일을 버리게 됩니다. 이처럼, 하나님 말씀을 만난 사람들 가운데서, 부정적인 반응을 나타내는 자들은 결국 심판을 받고, 하나님으로부터 가증한 자, 복종하지 않는 자로 인식됩니다. 그래서 그들은 하나님 보시기에 모든 선한 일을 버린 자로 여겨집니다.

핵심 포인트

성경이 답입니다. 왜냐하면 성경이 성령님의 감동으로 기록된 '하나님 말씀'이기 때문입니다. 또한 성경은 썩지 아니하는 씨와 같이 항상 존재하는 '영원성'과 사람을 살리는 '생명력'이라는 특성을 지녔습니다. 그래서 '영원한 생명력'을 지닌 성경을 깊이 만난 사람은 '영적 변화'를 보입니다. 특히, 긍정적으로 만난 사람은 구원에 이르는 지혜를 얻게 되고, 자신의 인생길에서 참 등과 빛을 얻게 됩니다. 하지만 그렇지 않는 사람은 심판을 받게 됩니다.

한 주간 기도

하나님 말씀을 통해서, 영원한 생명력을 맛보게 하옵소서. 이 말씀을 통해서, 우리가 구원의 지혜를 얻게 하시고, 영적인 변화를 보이게 하옵소서. 그래서 영생을 얻고 형제를 사랑하게 하옵소서.

week
01 성경이 답이다

한 주간의 실천

말씀의 거울로 본 나의 삶	월	화	수	목	금	토	주일
1. 오늘, 성경을 읽었는가?							
2. 성경은 우리를 하나님께로 인도하는 인생길에서, 발에 '등'과 길에 '빛'이다. 성경말씀을 내 삶의 이정표로 삼아 풀기 어려운 고민거리를 해결하거나 갈등상황에서 지혜롭게 대처해 적용한 사례가 있는가?							
3. 말씀은 살아 움직이는 힘이 있다. 참된 믿음은 행동을 수반한다. 오늘도 하나님이 기뻐하시는 삶을 살았는가? 말씀을 통한 의식의 변화, 삶의 변화가 있었다면 나눠 보자. 예) 나에게 상처를 준 사람, 사랑하기 싫은 사람, 사랑스러워 보이지 않는 사람이지만 인내하며 주님의 사랑으로 품어 주기							

신앙운동 | 둘째주

2 성경 읽기 & 묵상하기

핵심 성경구절

"나의 반석이시요 나의 구속자이신 여호와여 내 입의 말과 마음의 묵상이 주님 앞에 열납되기를 원하나이다"(시 19:14).

성경은 하나님의 말씀이기 때문에 인간적인 생각으로 함부로 풀이해서는 안 됩니다. 베드로후서 1장 20-21절에 보면 "먼저 알 것은 성경의 모든 예언은 사사로이 풀 것이 아니니, 예언은 언제든지 사람의 뜻으로 낸 것이 아니요, 오직 성령의 감동하심을 받은 사람들이 하나님께 받아 말한 것임이라"고 말하고 있습니다. 이처럼, 성경은 성령의 감동하심을 받은 사람들이 하나님께 받아서 기록한 것입니다. 그래서 성령의 감동하심을 받아 기록한 말씀을 인간의 이성으로만 이해하려고 하면 안 됩니다. 성령의 도우심을 간구하는 가운데 성경을 읽어야 바르게 이해할 수 있습니다.

-『개혁주의생명신학 7대 실천운동』, 21.

week

02 성경 읽기 & 묵상하기

1. 왜 우리는 성경을 읽어야 하는지요?

계 1:3 ________________________________

____

____

우리가 성경을 읽어야 하는 이유는 (예언의) 말씀을 읽는 자가 복이 있기 때문입니다.

신 31:13 ________________________________

____

____

____

성경을 읽음으로 인해서, 우리가 하나님 여호와 경외하기를 배울 수 있기 때문입니다. 성경은 성령의 감동하심을 받은 사람들이 하나님께 받은 것입니다. 그래서 성경을 읽는 자가 복이 있고, 하나님을 올바르게 경외할 수 있게 됩니다.

성경을 읽고 묵상하는 목적

2. 성경을 읽고 묵상하는 첫 번째 목적은 무엇인가요?

요 20:31 ________________

____

예수님께서 하나님의 아들이자 그리스도이심을 믿어 생명을 얻기 위함입니다.

시 119:99 ________________

____

____

성경 묵상을 통해서, 명철함이 모든 스승들보다 뛰어나게 되기 때문입니다. 여기서, 묵상은 입으로 성경을 작은 소리로 중얼거리면서 읽는 것이며, 마음으로 그 의미를 되새기는 것입니다. 그리고 넓은 의미로, 생활에서 적극적으로 실천하는 것입니다.

이처럼, 성경을 기록한 목적은 성경을 읽는 자가 예수님께서 하나님의 아들이자 그리스도이심을 믿고, 생명을 얻게 하기 위함입니다. 또한 성경을 묵상하는 자는 뛰어난 명철을 얻게 됩니다.

3. 성경을 읽고 묵상하는 다른 목적은 무엇이 있나요?

딤후 3:16-17 ....

....

....

....

성경은 교훈과 책망과 바르게 함과 의로 교육함을 통해서, 성경을 읽고 묵상하는 자를 온전하고 선한 일을 행할 능력을 갖추게 해줍니다.

수 1:8 ....

....

....

성경을 읽고 묵상하는 자의 인생길이 평탄하게 되고, 형통하게 될 것입니다. 또한 성경을 읽고 묵상하는 자는 온전하고 선한 일을 행할 능력을 얻게 되며, 인생길이 하나님의 뜻을 따라서 걷게 됨으로, 평탄하고 형통하게 될 것입니다.

말씀을 읽고 묵상하는 사람들

4. 어떤 사람들이 성경을 읽고 묵상하나요?

시 1:2 ....

....

시편 1편은 "복 있는 사람이 여호와의 율법을 즐거워하여 주야로 묵상한다"고 말합니다.

시 119:100 ....

....

시편 119편은 주의 증거를 묵상하는 것(읊조림)을 통해서, 명철이 뛰어나게 됨을 말합니다. 이처럼 하나님으로부터 복을 받은 자는 성경을 항상 읽고 묵상해야 합니다. 그리할 때, 명철이 뛰어나게 됩니다.

5. 또 어떤 사람들이 성경을 묵상하나요?

시 77:2 ....

....

아삽은 환난을 경험하는 성도가 하나님이 하신 일을 묵상해야 한다고 말합니다.

시 119:97 ....

....

시편 기자는 전심으로 주의 법을 사랑하고자 하는 성도는 성경을 묵상해야 한다고 말합니다.

이처럼 인생길에서 환난을 맞은 성도와 전심으로 하나님을 만나고자 하는 성도는 이전에 행하신 하나님의 일들을 묵상하면서, 그 속에서 발견한 하나님이 동일한 분이심을 깨달아야 합니다.

성경을 읽고 묵상하여 열매 맺기

6. 성경을 읽고 묵상할 때, 얻게 되는 첫 번째 열매는 어떤 것이 있나요?

시 1:3 --

시냇가에 심은 나무가 철을 따라 열매를 맺고, 그 잎사귀가 마르지 않음과 같이, 복 있는 사람도 어려움이 있을지라도 하는 일이 다 형통하게 됩니다(영적 복, 윤택한 삶, 종말론적 복).

시 1:6 --

의인의 길은 여호와께서 인정하십니다. 이처럼 성경을 읽고 묵상하는 '복 있는 사람'은 하나님께 인정받는 인생길을 걷는 사람입니다. 그는 모든 일에 하나님으로부터 내려오는 복이 충만한 삶을 살게 됩니다.

7. 성경을 읽고 묵상할 때, 얻게 되는 다른 열매는 어떤 것이 있나요?

시 18:30 ....

하나님 말씀은 완전하고 순수하기에, 이 말씀 가운데 거하는 자에게 방패가 됩니다.

잠 30:5 ....

하나님의 말씀은 순전하기에, 말씀을 의지하는 자에게 방패가 됩니다. 이처럼 성경을 읽고 묵상하는 자에게 하나님의 말씀은 세상의 공격을 막는 방패가 됩니다.

핵심 포인트

성경을 읽고 묵상하는 자는 복이 있고, 하나님 경외하기를 배울 수가 있습니다. 이런 성경 읽기와 묵상하기는 예수님께서 하나님의 아들이자 그리스도이심을 믿고 생명을 얻기 위한 목적과 인생의 뛰어난 명철을 얻기 위한 목적이 있습니다. 특히 성도와 영적 지도자, 그리고 전심으로 하나님을 알기를 원하는 자는 더욱 성경을 전심으로 읽고 묵상해야 합니다. 이렇게 성경을 읽고 묵상하는 자는 하나님께 인정을 받으며, 충만한 복된 삶과 보호하심을 경험하게 됩니다.

한 주간 기도

주님, 말씀을 읽고 묵상하게 하옵소서. 그리하여 하나님을 더욱 경외하고, 예수님을 믿어 영적 생명과 명철을 얻게 하시며, 항상 하나님께 인정받고 보호받는 복된 삶이 가득하게 하옵소서.

week
02 성경 읽기 & 묵상하기

한 주간의 실천

말씀의 거울로 본 나의 삶	월	화	수	목	금	토	주일
1. 오늘 성령의 도우심을 간구하며 성경을 읽고 묵상했는가?							
2. 묵상한 말씀을 계속해서 마음에 되새기고 있는가? 그 말씀이 나에게 도전을 주며, 내 삶을 변화시키고 있는가?							
3. 오늘도 하나님의 보호하심을 맛보았는가? 구체적으로 어떤 상황에서 그러했는가? 예) 일, 건강, 재정, 환경, 사고, 관계, 시험, 유혹, 사단의 공격 등…. * 성경 묵상할 때, 얻게 되는 첫 번째 열매는 형통한 삶이다. 성경적 '형통한 삶'에 대한 의미와 내가 생각하는 '형통한 삶 또는 복된 삶'의 개념이 같은지 살펴보자.							

신앙운동 | 셋째주

3 성경 공부 & 암송하기

핵심 성경구절

"너희가 성경에서 영생을 얻는 줄 생각하고 성경을 연구하거니와, 이 성경이 곧 내게 대하여 증언하는 것이니라"(요 5:39).

사도 바울은 디모데가 자기에게서 배운 것 외에 직접 성경에서 배운 사실을 상기시키면서, 성경을 변함없이 사랑하며 살 것을 권면합니다. 디모데는 그의 외조모 로이스와 모친 유니게로부터 믿음을 물려받았습니다. 그는 어린 시절부터 성경을 배우며 성장하였습니다. 디모데가 어릴 적부터 성경을 알았다는 것이 바울에게는 참으로 귀해 보였습니다. 성경을 깨닫는다는 것은 구원 받는 지혜를 얻는다는 것입니다. … 성경말씀의 뜻을 깨달을 때, 그리스도 예수를 믿을 수 있습니다. 오직 예수 그리스도만이 구원의 유일한 길입니다. 오직 성경만이 이 길을 제시해 줍니다.

- 『개혁주의생명신학 7대 실천운동』, 28.

week

03 성경 공부 & 암송하기

1. 왜 우리는 성경을 공부해야 하는지요?

딤후 3:15 ______________________________

____

____

그리스도 예수 안에 있는 믿음으로 말미암아, 성경 공부는 우리에게 구원에 이르는 지혜를 줍니다.

롬 1:1-2 ______________________________

____

____

바울은 하나님의 복음을 위하여 선택되었습니다. 그리고 이 복음은 하나님이 예수님에 대해서 성경에 미리 약속하신 것입니다. 그래서 성경을 공부하면, 복음과 예수님에 대해서 알게 됩니다.

디모데는 어려서부터 구약성경을 공부했습니다. 그리고 성경에는 인간들이 거룩한 하나님과 이어지는 '구원의 방법'이 있습니다. 이런 성경에 대한 올바른 공부가 그를 구원자 예수님께로 인도했습니다.

성경 공부하는 사람들

2. 성경을 공부한 인물들은 누구이고, 그들은 어떻게 성경을 공부했나요?

행 17:11 ______________________________

____

베리아 사람들은 바울로부터 말씀을 듣고 난 후, 편견 없이 성실하게 성경을 공부했습니다.

스 7:10 ______________________________

____

에스라는 성경 연구와 말씀 실천에 자신을 바쳤으며, 이스라엘 백성들에게도 가르쳤습니다. 이처럼 성경을 공부하는 자는 열린 마음으로, 편견 없이 성실하게 성경을 공부해야 합니다. 그리고 하나님의 뜻이 담긴 성경을 연구하고 실천하는 것에 전념해야 합니다.

3. 성경을 공부한 또 다른 인물들은 누구이며, 그들은 왜 이렇게 했나요?

엡 6:4 ______________________________

____

에베소 교회 성도들이 성경을 공부했습니다. 특히, 이들이 성경을 공부한 이유는 부모가 자녀들을 성경으로 '양육'(영적 성장)하기 위해서입니다.

신 6:6-8 ______________________________

____

____

'쉐마 이스라엘'(이스라엘아 들으라, 신 6:4)은 이스라엘 백성들이 하나님 말씀을 공부해야 함을 분명히 말합니다. 특히 이들도 부모가 먼저 말씀을 자신의 마음에 새기고, 그것을 자녀들에게 가르칩니다. 그 이유는 자녀들이 하나님을 경외하며 항상 복을 누리며 살도록 하기 위함입니다(신 6:24-25).

이처럼 성경을 공부함으로, 성도들은 '영적 성장'을 얻습니다. 그래서 부모들은 자녀들에게 성경을 가르쳐야 합니다. 또한 성경 공부는 하나님의 백성으로 하여금, 하나님을 경외하게 만들고 항상 하나님의 복 안에서 살게 합니다.

말씀 암송의 힘

4. 왜 예수님은 구약 성경을 암송하셨나요? 어디에 그 말씀을 사용하셨나요?

마 4:4 ____________________

예수님은 신명기 8장 3절 말씀을 암송하고 계셨습니다. 그리고 이 말씀으로 마귀의 첫 번째 시험을 물리치셨습니다(사람이 떡으로만 사는 것이 아니요 여호와의 입에서 나오는 말씀으로 사는 줄을 네가 알게 하려 하심이니라).

마 4:7 ______________________________

____

예수님은 신명기 6장 16절 말씀을 암송하셨고, 이 말씀으로 마귀의 두 번째 시험을 물리치셨습니다(너희의 하나님 여호와를 시험하지 말고).

마 4:10 ______________________________

____

예수님은 신명기 6장 13절 말씀을 암송하셨고, 이 말씀으로 마귀의 세 번째 시험을 물리치셨습니다(하나님 여호와를 경외하며 그를 섬기며…).

이처럼, 예수님께서 세례를 받으신 후, 공생애 사역을 위해서 유대 광야에서 40일을 금식하셨습니다. 이후 예수님은 마귀의 시험을 받으셨습니다. 이때 주님은 암송하고 계셨던 구약의 말씀을 '올바르게' 사용하셔서, 마귀의 시험을 이기셨습니다.

5. 성경을 암송하는 것은 중요합니다. 하지만 그 뜻을 알고 외워야 합니다. 그렇지 못한 사람들은 어떻게 행동하나요?

행 13:26-27 ______________________________

____

____

비시디아 안디옥에서 사도 바울은 하나님께서 구원의 말씀을 주셨지만, 예루살렘에 있는 자들과 관리들이 선지자들의 말(구약성경)을 올바른 의미도 모른 채 외웠다고 말합니다. 그래서 예수님을 정죄하게 된 것입니다. 이처럼 우리는 성경을 암송할 때 항상 그 의미를 올바로 알고 외워야 합니다. 의미도 모른 채 외우다 보면 말씀과는 정반대로 행동할 수 있습니다.

말씀 훈련의 열매 맺기

6. 말씀 훈련을 하였을 때, 얻게 되는 열매는 어떤 것이 있나요?

골 3:16-17 ______________________________

____

____

말씀 훈련은 우리의 삶을 변화시킵니다. 지혜로 서로 가르치며 권면하고, 시와 찬송과 신령한 노래를 부르고, 하나님을 찬양하며, 예수의 이름으로 살고, 하나님께 감사하는 삶을 살게 합니다.

잠 10:17 ______________________________

말씀의 가르침을 지키는 자에게는 '생명의 길'이 열립니다. 이처럼, 올바른 말씀 훈련은 성도의 삶에 영적 변화를 가져옵니다. 하나님과 서로를 더욱 사랑하게 되며, 하나님이 인도하시는 생명길을 걷게 됩니다.

7. 말씀 훈련을 하였을 때, 얻는 '또 다른 열매'는 어떤 것들이 있나요?

요 17:17 ______________________________

____

하나님 말씀은 진리이고, 이 진리가 말씀 훈련하는 자들을 '거룩하게' 만듭니다.

시 119:11 ______________________________

말씀은 우리에게 하나님의 뜻을 분명히 보여 줍니다. 그래서 우리가 하나님의 뜻을 벗어나 '범죄하지 않도록' 도와줍니다. 우리가 하나님께서 원하는 올바른 길로 걷도록 도와줍니다. 또한 말씀 훈련은 진리인 하나님 말씀으로 인해서, 성도들을 '거룩하게' 만듭니다. 그리고 이런 말씀 훈련은 하나님의 뜻을 명확하게 보여 주고, 우리가 하나님께 '범죄하지 않도록' 돕기 때문에 우리가 하나님께서 원하는 올바른 길을 걷게 됩니다.

NOTE

핵심 포인트

성경 공부는 배우는 자들에게 '구원에 이르는 지혜'를 주며, '복음과 예수 그리스도'에 대해서 가르쳐 줍니다. 특히 성경을 공부하는 자는 열린 마음으로, 편견 없이, 성실하게 전념해야 합니다. 또한 성경 공부는 성도들에게 영적 성장을 줄 뿐만 아니라, 하나님 경외와 하나님의 복 안에서 항상 살게 해 줍니다. 예수님께서도 구약 성경을 암송해서 올바르게 사용했습니다. 이러한 말씀 훈련은 성도들로 하여금 거룩하게 하여서 생명길로 인도합니다.

한 주간 기도

주님, 구원의 지혜와 복음 그리고 예수님을 알게 하는 성경 공부를 하게 하소서. 열린 마음으로 편견 없이 성실하게 하소서. 항상 그리스도를 닮으려고 힘쓰며, 생명길로 가게 하소서.

week

03 성경 공부 & 암송하기

한 주간의 실천

말씀의 거울로 본 나의 삶	월	화	수	목	금	토	주일
1. 오늘, 성경 공부를 하였는가?							
2. 성경 공부는 구원에 이르는 지혜를 주며, 복음과 예수 그리스도에 대해 가르쳐 준다. 또한 말씀은 우리가 하나님께서 원하는 올바른 길로 걷도록 도와준다. 성경 공부할 때, 열린 마음과 성실한 자세로 했는가?							
3. 오늘, 성경 말씀의 뜻을 깊이 이해한 후에 암송했는가? 평소에 말씀을 더 가까이 하고 싶다면 주제별로 된 핵심구절을 외우거나 한 장 전체를 암송해 보자 ※『주제별 성경암송 180구절』(네비게이토출판사), 『제자훈련을 위한 성경암송 64구절』(국제제자훈련원), 『복음전도를 위한 성경암송 330절』(크리스천리더), 고린도전서 13장, 로마서 8장 등.							

신앙운동 | 넷째주

4 말씀으로 살아내기

핵심 성경구절

"오늘 네 하나님 여호와께서 이 규례와 법도를 행하라고 네게 명령하시나니 그런즉 너는 마음을 다하고 뜻을 다하여 지켜 행하라"(신 26:16).

성경은 믿고 순종하는 삶을 살아야 한다고 강조합니다. 로마서 1장 5절의 '믿어 순종하게'라는 말은 원래 '믿음의 순종'이라는 뜻입니다. '믿음'과 '순종'은 서로 분리되지 않고 동전의 양면처럼 하나의 실재입니다. 로마서에서 이신칭의의 원리는 지적 동의라는 의미에서의 믿음을 갖기만 하면 의롭다 함을 받고 구원을 얻는다는 뜻이 아닙니다. 순종하는 믿음이 참된 믿음이고, 이 믿음을 가질 때 하나님의 의와 구원을 받는다는 뜻입니다. 그러기에 믿음이 행함과 함께 일하고 행함으로 믿음이 온전하게 됩니다(약 2:22).

- 『개혁주의생명신학 7대 실천운동』, 27.

1. 왜 우리는 성경 말씀을 순종하면서 살아야 하나요?

시 119:93 ______________________________

____

____

말씀을 순종할 때, 말씀 때문에 하나님이 우리를 살도록 보존하시기 때문입니다.

요 8:31-32 ______________________________

____

____

____

예수님의 말씀에 거하면 제자가 되고 진리를 알게 됩니다. 그리고 진리가 자유를 줍니다. 이처럼 말씀을 순종할 때, 말씀에 나타난 약속으로 인해서 하나님은 순종하는 자의 생명과 삶을 보호하십니다. 게다가 말씀의 진리는 순종하는 자에게 자유를 줍니다.

말씀 순종하기의 유익

2. 말씀을 순종할 때, 우리가 맛보게 되는 '유익'은 어떤 것이 있나요?

출 19:5-6 ____________________

____

____

____

시내산에서 행한 하나님의 약속입니다. 이스라엘 백성들이 언약을 지키면, 하나님의 소유가 되고, 제사장 나라가 되며, 거룩한 백성이 됩니다.

창 26:4-5 ____________________

____

하나님께서 이삭에게 하신 약속의 말씀입니다. 하나님은 이삭의 아버지 아브라함에게 약속한 복을 지키시는 분입니다. 그래서 이삭의 자손들이 복을 받는 천하 만민 가운데 속하게 됩니다. 이처럼 말씀을 순종하는 자는 하나님께 속하게 됩니다. 그리고 하나님의 뜻을 전하는 제사장 나라와 거룩한 백성이 됩니다. 이것은 세계의 모든 하나님의 백성들에게 약속된 복입니다.

3. 말씀을 순종할 때, 우리가 경험하게 될 '또 다른 유익들'은 무엇이 있나요?

요 15:10 ....

....

예수님의 계명을 지키면, 예수님의 사랑 안에 거하게 됩니다.

마 12:50 ....

하늘에 계신 하나님 아버지의 뜻대로 행하는 자가 예수님의 형제와 자매가 됩니다.

이처럼 말씀을 순종할 때, 우리는 예수님의 사랑 안에 거하게 됩니다. 게다가 우리는 하나님 아버지의 뜻을 실천하는 자로서, 예수님의 형제와 자매가 됩니다.

기도와 성령의 도우심

4. 말씀을 순종할 때, 성령님은 어떤 역할을 하시나요?

벧전 1:2 ______________________________

성령님은 우리를 거룩하게 하심으로, 우리가 하나님의 말씀을 순종하도록 도우십니다. 그래서 우리가 하나님의 택함받은 자로서 살게 하십니다.

엡 6:18-19 ____________________

____

____

____

성령님은 성도들이 자신 안에서 기도하게 하십니다. 여러 성도들을 위해서 구하게 하십니다. 게다가 성령님의 뜻에 순종하는 말씀사역이 되도록 기도하게 합니다(전할 말씀을 담대히 전하도록).
이처럼 말씀 순종은 인간의 힘만으로는 불가능합니다. 그래서 필요한 것이 성령님의 도우심입니다. 특히 성령님의 도우심은 기도를 통해서 이뤄집니다. 그래서 말씀에 대한 순종은 기도와 성령님의 도우심을 통해서 온전히 이뤄집니다.

5. 말씀대로 살려고 할 때, 성령님께서 하시는 또 다른 역할은 어떤 것이 있나요?

요 14:26 ____________________

____

성령님은 성도들에게 모든 것을 가르치며, 예수님께서 말씀하신 모든 것이 생각나게 하십니다.

요 15:26 ________________

____

____

진리의 성령님은 우리에게 예수님을 증언하시고, 우리가 예수님을 증언하도록 하십니다. 이처럼 말씀대로 살 때, 성령님은 우리에게 예수님에 대한 말씀을 가르치시며 기억나게 하십니다.

선한 영향력과 이웃 사랑

6. 말씀대로 살 때, 우리는 세상 가운데서 어떤 존재로 서게 되나요?

엡 5:8-9 ________________

말씀대로 살 때, 우리는 주님 안에 있는 '빛'입니다. '빛의 자녀들'로 서게 됩니다. 그래서 빛의 열매인 착함, 의로움, 진실함을 맺어야 합니다.

빌 2:15-16

우리는 하나님의 흠 없는 자녀로서, 세상 가운데 '빛들'로 나타납니다. 우리는 생명의 말씀을 밝히는 자가 되어야 합니다. 말씀에 순종할 때 우리는 세상을 비추는 '빛'으로 서게 됩니다. 그래서 우리는 '빛의 열매'를 맺으면서, 생명의 말씀을 밝히는 자가 되어야 합니다.

7. 말씀대로 사는 사람은 이웃과의 관계에서 어떤 자세를 취해야 하나요?

사 58:6-7 ________________

____

____

____

____

하나님의 말씀대로 사는 사람은 금식을 하곤 합니다. 금식을 통해서, 하나님과 깊은 영적 관계를 이루길 소망합니다. 그런데 하나님께서 원하시는 것은 금식보다는 '이웃 사랑의 실천'입니다. 이웃 사랑이 없는 금식과 같은 종교적 행위는 하나님의 마음을 온전히 기쁘시게 할 수 없습니다. 그래서 참으로 하나님을 기쁘시게 하려고 하는 사람은 이웃을 사랑해야 합니다.

롬 15:2 ________________

____

week

04 말씀으로 살아내기

우리가 말씀대로 살고자 할 때, 우리는 이웃을 기쁘게 하고, 선을 이루고 덕을 세워야 합니다. 이처럼 말씀대로 사는 사람, 다시 말해 하나님을 사랑하는 사람은 항상 이웃 사랑을 실천해야 합니다. 이웃을 기쁘게 하고, 그들에게 덕을 베풀어야 합니다.

핵심 포인트

순종할 때 우리는 영적으로 살며, 자유를 얻게 됩니다. 이처럼 순종하는 자는 하나님께 속하고, 하나님의 뜻을 전하는 거룩한 백성이 되며, 약속된 복을 누리게 됩니다. 또한 순종하는 자는 예수님의 사랑 안에서, 예수님의 형제와 자매가 됩니다. 이런 순종은 성령님의 도우심으로 온전해지기에 우리는 기도해야 합니다. 이런 순종을 통해서, 우리는 세상의 빛이 되기에, 빛의 열매를 맺어야 합니다. 그리고 우리는 이웃 사랑의 선한 영향력을 발휘해야 합니다.

한 주간 기도

주님, 우리가 영적으로 살게 하시며, 자유 가운데 살게 하옵소서. 또한 성령님의 도우심으로 우리가 세상의 빛으로 온전히 살게 하시며, 빛의 열매를 풍성히 맺게 하옵소서.

한 주간의 실천

말씀의 거울로 본 나의 삶	월	화	수	목	금	토	주일
1. 오늘 하나님의 말씀에 순종했는가?							
2. 하나님의 말씀대로 살 때 세상 가운데 빛으로 나타난다. 빛의 자녀답게 살기 위해 어떤 노력을 했는가? 말씀을 따라 살면서 빛의 열매(착함, 의로움, 진실함)를 맺으며 받은 은혜와 감동이 있다면 기록해 보자.							
3. 이웃을 기쁘게 하고(롬 15:2), 선한 영향력을 미친 일이 있다면 작은 일이라도 감사 일기를 써 보자(언제, 어디서, 무엇을, 누구에게, 어떻게…).							

개혁주의생명신학
7대실천운동 해설

1. 신앙운동

성경이 답이다

1. 신앙운동

'신앙운동'은 성경이 우리의 신앙과 삶의 유일한 표준임을 믿고, 개혁주의신학을 계승하려는 운동입니다. 개혁주의생명신학은 역사적 개혁주의신학에 생명력을 불어넣어서 오늘이 땅에서 성령의 역사가 불일 듯 일어나게 하자는 신앙운동입니다. 개혁주의신학은 성경을 우리의 신앙과 삶의 유일한 표준으로 삼습니다. 그러므로 개혁주의신학을 받아들이고 계승한다는 것은 성경을 대단히 소중히 여긴다는 뜻입니다. 우리는 성경이 말씀하는 바에 따라 우리의 삶의 모습을 바꾸어 가야 합니다. 그리고 우리의 모든 가치관과 세계관을 하나님의 말씀 아래 굴복시켜야 합니다. 우리의 모든 문제의 답은 하나님이 주신 성경말씀 속에 있습니다. 개혁주의생명신학이 강조하는 신앙운동의 출발점은 '성경이 답이다'입니다. 성경은 이 세상의 그 어떤 학문이나 신앙 체험보다도 우위에 있습니다. 우리는 성경으로 돌아가야 합니다. 성경을 읽고 묵상하는 생활을 습관화해야 합니다. 성령의 조명 아래 성경을 읽고 해석해야 합니다. 성경을 통해 예수 그리스도의 생명력을 얻어 말씀에 순종해야 합니다.

1. 핵심 성경구절

"또 어려서부터 성경을 알았나니 성경은 능히 너로 하여금 그리스도 예수 안에 있는 믿음으로 말미암아 구원에 이르는 지혜가 있게 하느니라 모든 성경은 하나님의 감동으로 된 것으로 교훈과 책망과 바르게 함과 의로 교육하기에 유익하니 이는 하나님의 사람으로 온전하게 하며 모든 선한 일을 행할 능력을 갖추게 하려 함이라"(딤후 3:15-17).

2. 서언

오늘 우리가 살아가는 시대는 참으로 많은 문제들로 가득 차 있습니다. 물론 어느 시대나 문제는 있었습니다. 우리에게 중요한 것은 문제에 대한 해답이요, 해결책일 것입니다. 성경이 모든 종류의 문제에 대한 해답을 우리에게 제공하지는 않습니다. 그러나 성경은 구원에 관하여 우리가 알아야 할 충분한 지식을 제공해 줍니다. 그리고 우리는 성경을 통하여 직접 언급하고 있지 않은 것들에 대해서도 어떻게 생각해야 하는지 그 기본적인 원리나 지침을 제공받을 수 있습니다.

그런데 성경은 하나님의 말씀이기 때문에 인간적인 생각으로 함부로 풀이해서는 안 됩니다. 베드로후서 1장 20-21절에 보면 "먼저 알

것은 성경의 모든 예언은 사사로이 풀 것이 아니니, 예언은 언제든지 사람의 뜻으로 낸 것이 아니요, 오직 성령의 감동하심을 받은 사람들이 하나님께 받아 말한 것임이라"고 말씀하고 있습니다. 성경은 성령의 감동하심을 받은 사람들이 기록한 것입니다. 그렇기 때문에 성령의 감동하심을 받아 기록한 말씀을 인간의 이성으로만 이해하려고 하면 안 됩니다. 성령의 도우심을 간구하는 가운데 성경을 읽어야 바르게 이해할 수 있습니다.

3. 신앙운동의 정의

개혁주의생명신학 선언문에서는 "개혁주의생명신학은 성경만이 우리의 신앙과 삶의 유일한 표준임을 믿고, 개혁주의신학을 계승하는 신앙운동이다"라고 말하고 있습니다. "오직 성경만이 우리의 답이다!"라는 주장입니다. 우리 그리스도인들은 우리의 신앙과 삶의 기초를 성경에 두어야 합니다. 종교개혁자들과 그 후예들의 신앙을 담고 있는 웨스트민스터 신앙고백 제1장 2절에 따르면, 성경은 하나님의 영감으로 말미암아 주어진 것으로 신앙과 삶의 법칙이 됩니다(계 22:18-19; 딤후 3:16).

개혁주의생명신학 실천운동의 범위는 영적 생명 회복운동으로부터 물질적인 나눔운동에 이르기까지 그 범위가 대단히 넓습니다. 그렇기 때문에 그 운동들이 하나님의 영광이라는 공통의 목표를 향해 일관되게 추진되기 위해서는 하나의 기초에 그 근거를 두고 있어야 합니다. 그 유일한 기초가 바로 성경입니다. 개혁주의생명신학에는 여러 실천운동이 있지만 그 모든 것의 공통된 기초는 '성경이 답이다!'입니다.

성경은 우리가 어떻게 살아야 할 것인가를 말씀해 주고 있습니다. 즉 우리의 모든 삶의 지침과 기준을 제시해 주고 있다는 것입니다. 개혁주의생명신학 실천운동은 성경이 제시해 주고 있는 원리들에 따라 실천되어야 합니다. 세상의 그 어떤 다른 것이 우리의 실천의 기초가 되어서는 안 됩니다.

우리가 하나님의 법에 따라 개혁주의생명신학 운동들을 전개해 나갈 때 하나님께서 우리를 축복해 주실 것을 믿습니다. 여호수아 1장 8절은 "이 율법 책을 네 입에서 떠나지 말게 하며 주야로 그것을 묵상하여 그 안에 기록된 대로 다 지켜 행하라 그리하면 네 길이 평탄하게 될 것이며 네가 형통하리라"고 말씀합니다. 시대에 따라 변하는 세상의 사상이나 풍조가 아니라 하나님의 말씀을 기초로 하여 개혁주의생명신학을 실천해 나갈 때 우리는 참으로 하나님을 기쁘시게 해 드리는 자들이 될 수 있을 것입니다.

성경이 우리의 신앙과 삶의 유일한 표준이 되는 이유는 성경 66권이 하나님의 말씀이기 때문입니다. "모든 성경은 하나님의 감동으로 된 것으로 교훈과 책망과 바르게 함과 의로 교육하기에 유익하니"(딤후 3:16)라는 말씀을 우리는 명심해야 합니다. 성경을 통하지 않고는 삼위일체 하나님이나 십자가의 구원의 도리에 대해서 우리는 알 수 없습니다. 성경을 통하지 않고는 하나님이 어떤 분이신지에 대해 명확히 알 수 없습니다.

우리는 그 어느 때보다도 다원화된 시대에 살아가고 있습니다. 무엇이 옳고 그른지에 대해 우리는 극심한 혼란을 겪고 있습니다. 기독교 복음의 유일성과 절대성이 교회 안에서도 도전을 받고 있는 것입니다. 그러므로 성경이 우리의 신앙과 삶의 유일한 표준이라는 주장은 그 어느 시대보다 오늘의 우리에게 절실하게 요청됩니다.

4. 현재 교회와 기독교인들의 문제점들

한국교회는 세계 선교 역사상 유례를 찾아볼 수 없을 정도로 큰 부흥을 이룬 교회입니다. 하지만 오늘날 한국교회는 중병에 걸린 환자처럼 신음하고 있습니다. 무엇인가 특단의 처방이 필요한 시점입니다. 한국교회가 위기에 빠진 징후는 여러 면에서 감지됩니다. 한국교회가 주님의 말씀에 따라 깨어 있지 못하고 이런 위기를 방관한다면, 서구 교회처럼 우리도 큰 위기를 맞게 될 수 있습니다.

한국교회가 위기를 극복하고 새롭게 되어 본질적 사명을 감당하기 위해서는 성경적인 바른 신학을 재정립할 필요가 있습니다. 백석학원은 한국교회의 심각한 상황을 간파하고 2010년 5월 개혁주의생명신학 선언문을 공포한 이후 '개혁주의생명신학'을 실천해 오고 있습니다. 개혁주의생명신학은 결코 새로운 신학이 아닙니다. 이것은 성경으로 돌아가자고 외쳤던 루터와 칼빈을 비롯한 16세기 종교개혁자들의 가르침에 따라 개혁주의신학을 회복하고 실천하자고 하는 신앙운동입니다.

역사 속에 등장한 신학 중에 개혁주의신학보다 더 좋은 신학은 없을 것입니다. 왜냐하면 개혁주의신학이 가장 성경적이고 바른 신학이기 때문입니다. 하지만 이 좋은 신학을 가진 한국교회가 왜 세상의 지탄을 받고 있습니까? 그것은 개혁주의신학의 가르침대로 살지 못했기 때문입니다. 다시 말하여 그 안에 그리스도의 생명이 없기 때문입니다. 아무리 좋은 신학을 갖고 있다고 할지라도 그 안에 예수의 생명이 없으면 교회와 세상을 변화시킬 수 없습니다. 교회가 그리스도의 생명을 회복하는 길은 오직 성경으로 돌아가는 것입니다.

그런데 성경으로 돌아간다는 것이 무슨 뜻입니까?

첫째, 성경을 읽고 묵상하는 생활을 습관화하는 것입니다. 성령께서는 시편 기자를 통해 "복 있는 사람은… 오직 여호와의 율법을 즐거워하여 그의 율법을 주야로 묵상하는도다"(시 1:1-2)라고 말씀하십니다. 시편 기자는 성경을 즐거워하는 삶을 살았습니다. "여호와를 경외하는 도는 정결하여 영원까지 이르고 여호와의 법도 진실하여 다 의로우니 금 곧 많은 순금보다 더 사모할 것이며 꿀과 송이꿀보다 더 달도다"(시 19:9-10).

둘째, 성경으로 돌아간다는 것은 성령의 조명 아래 성경을 읽고 해석하는 것입니다. 조명은 빛을 비추어 준다는 것입니다. 성경의 저자는 성령이십니다. 성경을 올바로 해석해 주시는 분도 성령이십니다. 성령께서 우리의 어두운 마음과 지성에 빛을 비추어 주실 때, 우리는 성경의 뜻을 올바로 알 수 있습니다. "어두운 데서 빛이 비치라 말씀하셨던 그 하나님께서 예수 그리스도의 얼굴에 있는 하나님의 영광을 아는 빛을 우리 마음에 비추셨느니라"(고후 4:6).

성경을 제대로 이해하려면 인간의 지성보다는 성령께 의지해야 합니다. 참으로 많은 사람이 성령께 의지하지 않고 인간 지성으로 성경을 풀려 하다가 실패하였습니다. 성경을 인용한다고 해도, 반드시 하나님과 예수 그리스도를 높이는 것은 아닙니다. 예수님을 시험했던 마귀도 성경 구절을 거론하면서 예수님을 모독하였습니다. 소위 '자유주의 신학자들'은 인간 이성을 내세워 성경을 비평함으로 성경의 권위를 무너뜨리고 말았습니다.

보수적인 신학자들도 크게 다르지 않습니다. 목사나 신학자라 해도 성령의 조명을 간구하며 하나님께 무릎을 꿇지 않는다면, 아무리 아름다운 말로 설교하며 신학을 논한다 할지라도, 성경의 뜻을 올바로 알 수 없습니다. 설교자가 하나님의 말씀을 쪼개는 것이 아니라, 하나님의 말씀이 설교자를 쪼개야 합니다. 하나님의 말씀 앞에서 자아가 깨어지는 경험을 하지 못한 목사와 하나님의 말씀 때문에 가슴을 치며 통곡해 보지 못한 신학자는 진정한 하나님의 종이 될 수 없습니다.

셋째, 성경으로 돌아간다는 것은 예수 그리스도의 생명을 받는다는 것입니다. 예수님은 "살리는 것은 영이니 육은 무익하니라 내가 너희에게 이른 말은 영이요 생명이라"(요 6:63)고 말씀하십니다. 또 "내가 곧 길이요 진리요 생명이니 나로 말미암지 않고는 아버지께로 올 자가 없느니라"(요 14:6)고 말씀하십니다. 생명은 오직 예수님께 있습니다. 가지가 포도나무에 붙어 있지 않으면 열매를 맺을 수 없듯이, 생명 되시는 예수님 안에 거하지 않는 사람은 어떤 열매도 맺을 수 없습니다. 누가 예수님 안에 거하는 사람입니까? 그분의 말씀 안에 거하는 사람입니다(요 15:7). 예수님의 말씀의 핵심은 '사랑'입니다. "내 계명은 곧 내가 너희를 사랑한 것같이 너희도 서로 사랑하라 하는 이것이니라"(요 15:12). 사랑을 실천하는 사람이 곧 예수님의 생명을 가진 사람입니다.

자기 안에 그리스도의 생명을 가진 사람은 성령을 따라 행하고 성령의 열매를 맺습니다. "사랑과 희락과 화평과 오래 참음과 자비와 양선과 충성과 온유와 절제"(갈 5:22-23)의 열매를 맺습니다. 성령의 열매를 맺는 사람이 성령의 인도하심을 따라 먼저 자신을 말씀과 기도로 개혁하고, 교회를 예수 그리스도의 생명으로 새롭게 하며, 세상을 예수 그리스도의 복음과 사랑으로 변화시킵니다.

넷째, 성경으로 돌아간다는 것은 성경 말씀에 순종하는 것입니다. 예수님은 "너희가 나를 사랑하면, 나의 계명을 지키리라"(요 14:15) 고 하십니다. 또 로마서 1장 5절은 "그로 말미암아 우리가 은혜와 사도의 직분을 받아 그의 이름을 위하여 모든 이방인 중에서 믿어 순종하게 하나니"라고 말씀합니다.

성경은 믿고 순종하는 삶을 살아야 한다고 강조합니다. '믿어 순종하게'라는 말은 원래 '믿음의 순종'이라는 뜻입니다. '믿음'과 '순종'은 서로 분리되지 않고 동전의 양면처럼 하나의 실재입니다. 로마서에서 이신칭의 원리는 지적 동의라는 의미에서의 믿음을 갖기만 하면 의롭다 함을 받고 구원을 얻는다는 뜻이 아닙니다. 순종하는 믿음이 참된 믿음이고 이 믿음을 가질 때 하나님의 의와 구원을 받는다는 뜻입니다. 그러하기에 믿음이 행함과 함께 일하고 행함으로 믿음이 온전하게 됩니다(약 2:22).

5. 성경적 해법

한국교회가 위기를 극복하고 생명을 회복하기 위해서는 성경으로 돌아가야 합니다. 해답은 오직 성경에 있습니다. 서두에서 제시한 디모데후서 3장 15-17절은 한국교회의 문제에 대해 중요한 해답을 세 가지로 제공해 줍니다.

1) 우리는 평생 성경으로부터 배워야 한다

사도 바울은 디모데가 자기에게서 배운 것 외에 직접 성경에서 배운 사실을 상기시키면서 성경을 변함없이 사랑하며 살 것을 권면합니다. 디모데는 그의 외조모 로이스와 모친 유니게로부터 믿음을 물려받았습니다. 그는 어린 시절부터 성경을 배우며 성장하였습니다. 디모데가 어릴 적부터 성경을 알았다는 것이 바울에게는 참으로 귀하게 보였습니다. 성경을 깨닫는다는 것은 구원 얻는 지혜를 얻는다는 것입니다. "성경은 능히 너로 하여금 그리스도 안에 있는 믿음으로 말미암아 구원에 이르는 지혜가 있게 하느니라"(15절). 성경말씀의 뜻을 깨달을 때 그리스도 예수를 믿을 수 있습니다. 우리는 그 믿음을 통해 하나님의 의를 얻으며, 그 결과 구원을 받습니다. 오직 예수 그리스도만이 구원의 유일한 길입니다. 오직 성경만이 이 길을 제시해 줍니다.

오직 성경만이 하나님의 말씀이기에 최종적 권위를 갖습니다. 교회의 어떤 제도나 전통도 성경보다 더 큰 권위를 가질 수 없습니다. 칼빈이 말한 대로 "교회는 … 성경의 자궁에서 태어난 성경의 피조물"이기 때문입니다. 성경은 하나님의 구원계시의 정점에 있습니다. 하나님께서 예수 그리스도를 통해 구원을 완성하셨기에 성경계시도 완성되었습니다. 따라서 성경 이상의 권위를 갖는 구원계시는 없습니다. 성경은 신자들의 신앙과 삶의 유일한 법칙이며, 일반은총에 속한 모든 것의 의미를 밝혀 주는 최고의 권위입니다.

2) 우리는 성경이 하나님의 감동하심으로 기록된 것임을 믿어야 한다

성경은 인간의 책이 아니라 하나님의 책입니다. 성경은 하나님께서 성령으로 사람들을 감동하시어 기록하게 하신 계시의 책입니다. 따라서 성경은 인간의 철학이나 사상을 기록한 책이 아니라 죄인들을 구원의 길로 인도하는 생명의 책입니다. 우리는 '유기적 영감'을 인정합니다. 유기적 영감설에 따르면 기록자의 경험, 지식, 성품, 기질, 배경, 관심사, 기억, 역사적 정황, 재능, 은사 등이 성경에 두루 반영되어 있습니다. 성경이 우리의 심령과 삶에 친숙하게 다가오는 이유가 여기에 있습니다.

성경 자체가 성경의 영감을 여러 곳에서 확인해 줍니다. 사도행전 1장 16절은 "형제들아 성령이 다윗의 입을 통하여 예수 잡는 자들의 길잡이가 된 유다를 가리켜 미리 말씀하신 성경이 응하였으니 마땅하도다"라고 말씀합니다. 다윗의 입을 통한 말씀은 그의 개인적 말이 아니라 성령께서 하신 말씀이라는 뜻입니다. 베드로후서 1장 21절은 "예언은 언제든지 사람의 뜻으로 낸 것이 아니요 오직 성령의 감동하심을 받은 사람들이 하나님께 받아 말한 것임이라"고 말씀합니다. 여기서 '예언'이란 성령으로 영감된 말씀인 성경을 가리킵니다.

다른 제자들도 성경을 하나님의 말씀으로 믿었습니다. 나면서부터 앉은뱅이 된 자가 성전 미문에 앉아 구걸할 때, 베드로와 요한이 '나사렛 예수 그리스도의 이름으로' 그를 치유해 주었습니다. 그들은 옥에 갇혔다가 공회 앞에서 재판을 받기 위해 풀려났습니다. 결국 그들은 자신들에게 어떤 일이 있었는지 동료들에게 가서 자세하게 말해 주었습니다. 동료들은 하나님이 메시아의 고난에 대해 미리 예언하신 분임을 고백하기 위해 시편 2편 1-2절을 인용하면서, "우리 조상 다윗의 입을 통하여 성령으로 말씀하시기를"(행 4:25)이라고 하였습니다. 그들도 성경의 영감을 믿고 있었습니다. 히브리서 3장 3-11절은 신자들이 기독교 신앙을 버리지 말라고 독려하기 위해, 시편 95편 7-11절을 인용하면서 "그러므로 성령이 이르신 바와 같이"라고 말씀합니다. 시편의 말씀을 인간 다윗의 말로 보지 않고 성령께서 하신 말씀으로 인식했기 때문입니다.

3) 우리는 성경이 교육을 위해 유익함을 알아야 한다

하나님의 말씀인 성경은 바른 삶이 무엇인지 교훈해 주며, 하나님의 뜻을 거스르는 일들을 책망합니다. 또한 온갖 허물과 죄악을 반복하지 않도록 교정해 주며, 십자가의 의를 따라 참된 삶을 살도록 훈련시켜 줍니다. 이러한 과정을 통해 성경은 우리를 하나님의 사람으로 온전하게 하며, 모든 선한 일을 행할 능력을 갖추도록 해 줍니다(17절).

"우리는 그가 만드신 바라 그리스도 예수 안에서 선한 일을 위하여 지으심을 받은 자니 이 일은 하나님이 전에 예비하사 우리로 그 가운데서 행하게 하려 하심이니라"(엡 2:10). 죄인이 창조주 하나님의 뜻에 따라 선한 일을 행하며 살기 위해서는 성경에서 답을 찾아야 합니다. 오직 성경만이 그리스도 예수 안에서 선행의 삶을 살도록 교육할 수 있기 때문입니다. 만물보다 거짓되고 심히 부패한 것은 인간의 마음입니다(렘 17:9). 부패한 인간은 선을 행할 수 없습니다. 성경을 통해 예수님이 구원자이심을 깨닫고 성경 말씀을 따라 변화될 때 착한 행실을 나타낼 수 있습니다.

히브리서 4장 12절은 하나님 말씀의 기능에 대해 이렇게 말합니다. "하나님의 말씀은 살아 있고 활력이 있어 좌우에 날선 어떤 검보다도 예리하여 혼과 영과 및 관절과 골수를 찔러 쪼개기까지 하며 또 마음의 생각과 뜻을 판단하나니." 하나님의 말씀은 생명력과 활력을 가졌기에 인간의 심령을 예리하게 파고들어 그를 완전히 새 사람으로 변화시키기에 충분합니다. 죄에 빠진 인간을 회복시키는 것은 오직 성경뿐입니다.

6. 실천 사례

한국교회가 영적인 생명력으로 충만하고 크게 부흥될 때는 교회에서 성경을 열심히 공부하고 가르칠 때였습니다. 이삼십 년 전만 해도 매년 봄과 가을이 되면 거의 모든 교회에서 각 부서 대항 성경퀴즈대회, 성경암송대회, 그리고 성경다독대회가 열리곤 했습니다. 그러면 교회 장로님들부터 어린 유치부 아이들에 이르기까지 모두가 그 행사에 참여하여 하나님의 말씀을 배우고 익히곤 했습니다.

하지만 지금 성경퀴즈대회, 성경암송대회를 하는 교회가 몇 개나 됩니까? 왜 그런 것을 안 하느냐고 물으면 요즘 학생들은 너무 바빠서 성경을 읽고 공부할 시간이 없다고 합니다. 대학에 가기 위해서는 만사 제쳐놓고 학교공부부터 해야 한다고 합니다.

이것은 틀린 말입니다. 미안한 말이지만 옛날에도 대학 가기가 힘들기는 지금과 마찬가지였습니다. 하지만 그때는 예수님 믿는 학생이면 당연히 성경을 읽어야 하는 줄 알았고, 성경말씀을 외워야 하는 줄 알았습니다. 그렇게 했으니까 하나님께서 우리나라를 축복해 주셔서 오늘날처럼 풍요롭게 살고 있는 것입니다.

그때와 지금 달라진 것이 무엇입니까? 사회적인 상황이 달라진 게 아닙니다. 사회적 상황은 그때가 더 힘들었습니다. 달라진 것은 뭐냐 하면 우리의 문제를 해결해 줄 수 있는 답이 무엇인가에 대한 생각입니다. 옛 성도들은 하나님의 말씀이 답이라고 믿었습니다. 그래서 그때는 살기가 지금보다 더 힘들었지만, 잠자는 시간 줄여 가며, 일하는 시간 줄여 가며, 성경말씀을 읽고 외웠습니다. 하지만 지금 교인들은 말로는 하나님을 믿는다고 하면서도 '공부가 답이다', '명문대학 가는 것이 답이다', '출세하는 것이 답이다'라고 하며 자녀들에게 성경공부는 시키지 않고 입시공부만 시킵니다.

아닙니다. "성경이 답입니다!" 하나님께서는 하나님의 말씀을 사랑하는 자를 들어 쓰십니다. 그를 통하여 역사를 이루십니다. 그를 축복하십니다. 저는 세상을 바꿀 힘이, 세상을 바꿀 지혜가, 세상을 바꿀 지식이 하나님의 말씀인 성경 가운데 있다고 분명히 확신합니다. 주의 말씀을 사랑하는 것은 축복의 길이요, 주의 말씀을 버리는 것은 멸망의 길입니다. 시편 119편 165절은 "주의 법을 사랑하는 자에게는 큰 평안이 있으니 그들에게 장애물이 없으리이다"라고 말씀합니다. 성경을 사랑해야 합니다.

백석학원은 모든 교직원이 성경을 사랑하는 삶을 실천할 수 있도록 여러 가지 일들을 구체적으로 실행해 왔습니다.

1) 신입생들에게 성경책 배부

백석정신아카데미는 2011년부터 현재까지 매년 백석학원의 모든 신입생들에게 찬송가가 합본된 성경책을 배부해 왔습니다. 사람을 변화시키고 영적 생명을 살리는 교육은 오직 하나님의 말씀으로만 가능합니다. 많은 예산이 필요한 일이기는 하지만 학생들에게 하나님의 말씀을 전하는 것이 백석학원의 설립 목적이라고 확신하기 때문에 나는 이 일을 꾸준히 추진해 왔습니다.

2) 성경말씀 묵상을 위한 큐티집 『생명양식』과 앱 제공

백석정신아카데미는 2006년 3월에 성경 묵상자료집인 『매일양식』을 발간한 이래, 2015년 6월까지 신구약 66권 전체를 다 다루었습니다. 2015년 7월 이후로는 이를 『생명양식』으로 개칭하여 정기적으로

출판하고 배포하고 있습니다. 『생명양식』은 하루 세 번 기도를 돕는, 개혁주의생명신학을 실천하는 성경책별 큐티집입니다.

백석정신아카데미는 『생명양식』을 스마트폰으로도 쉽게 사용할 수 있도록 무료 앱으로도 만들어서 성도들의 신앙생활을 돕고 있습니다. 그 안에는 매일 읽어야 할 성경 본문과 우리 학교 신학전공 교수들이 쓴 건전하고 깊이 있는 본문 해설, 그리고 찬송가와 기도제목 등이 포함되어 있습니다. 특히 우리는 규칙적인 기도생활을 중시하기 때문에 이를 돕기 위한 기도 가이드를 제시하고 있습니다. 책 뒤편에는 구역성경공부를 위한 토론문제들을 제시하여 교회에서 손쉽게 활용할 수 있게 했습니다.

3) 성경 중심의 신학전공 커리큘럼 개발

2016년 3월부터 백석대학교 기독교학부는 신학전공 교과목을 대대적으로 성경교육 중심으로 개편하여 실행하고 있습니다. 새 커리큘럼은 성경의 기본을 이해시키기 위한 과목들로 채워져 있습니다. 앞으로 신학대학원에 진학하여 목사 후보생이 되고자 하는 학생들에게는 최상의 교과 과정이 될 것입니다.

4) '성경 읽기와 필사' 과목 개설

백석신학대학원은 능력 있는 목회자를 육성하기 위해 신구약 성경과목들과 다양한 신학 과목을 제공하며, 특히 경건훈련을 위해 '성경 읽기와 필사' 과목을 신학대학원과정 3년 동안 12학점을 이수하도록 하고 있습니다. 이 시대에 필요한 성경적 설교자 양성을 위해 '성경강해와 설교' 과목도 다수 개설하여 운영 중입니다. 백석대학교평생교육신학원에서도 '성경 읽기와 필사' 과목을 매학기 개설하여 학생들이 하나님 말씀에 능통한 사람들이 될 수 있도록 힘쓰고 있습니다.

5) 『개혁주의생명신학으로 세상 읽기』 소책자 발행

교직원과 학생을 대상으로 『개혁주의생명신학으로 세상 읽기』 소책자를 정기적으로 발행하여 백석학원 공동체 모두가 학교의 기독교적 정체성에 익숙해지도록 노력하고 있습니다.

성경은 백석학원의 최고의 가치입니다. 백석학원이 성경의 진리를 배우고 실천하는 데 온 힘을 다할 때 하나님께서는 놀라운 복을 주셨습니다. 100년 후, 200년 후에도 백석학원이 진리의 기둥과 터로서 그 역할을 다하기 위해서는 성경 진리의 토대 위에 견고히 서야 합니다.

1. 신앙운동 | 실천적 제안

❶ 복 있는 사람은 주야로 말씀을 묵상하는 사람,
날마다 말씀을 읽고 묵상하며 은혜의 바다로….

---

❷ 말씀 중심의 삶으로 이끄는 성경 암송의 힘!
매주 한 절씩 암송해 보자. 영혼의 건강을 위해.

---

❸ 성경 말씀을 적용하는 우선순위는
나부터, 지금부터 순종의 결단을!

---

❹ 그리스도를 닮아가는 성화의 삶,
성경이란 거울에 나를 비춰 볼 때
나의 인격과 삶은 예수 그리스도를 닮아가고 있는가?

---

❺ 믿음이 연약한 사람, 아픈 사람, 소외된 사람들에게
말씀으로 위로하고 권면하며 한 걸음 다가서자.
하나님 사랑에서 이웃 사랑으로!

---

❻ 성경의 관점으로 세상과 교회의 현실을 통찰하고
내가 할 수 있는 변화를 시도해 보자!
복음의 선한 영향력이 가져올 나비 효과를 기대하며….

---

❼ 사람을 변화시키는 힘은 어디서 올까?
사람을 변화시키고 영적 생명을 살리는 설교는
오직 하나님의 말씀에 기초해야 한다.

생명을 살리는 성경공부 1

개혁주의생명신학 7대 실천운동

신앙운동